Maestros

Julie Murray

Abdo
TRABAJOS EN MI
COMUNIDAD
Kids

abdopublishing.com

Published by Abdo Kids, a division of ABDO, PO Box 398166, Minneapolis, Minnesota 55439.
Copyright © 2016 by Abdo Consulting Group, Inc. International copyrights reserved in all countries.
No part of this book may be reproduced in any form without written permission from the publisher.

Printed in the United States of America, North Mankato, Minnesota.

052015

092015

THIS BOOK CONTAINS
RECYCLED MATERIALS

Spanish Translator: Maria Puchol

Photo Credits: iStock, Shutterstock

Production Contributors: Teddy Borth, Jennie Forsberg, Grace Hansen

Design Contributors: Candice Keimig, Dorothy Toth

Library of Congress Control Number: 2015941670

Cataloging-in-Publication Data

Murray, Julie.

[Teachers. Spanish]

 Maestros / Julie Murray.

   p. cm. -- (Trabajos en mi comunidad)

ISBN 978-1-68080-343-3

Includes index.

1. Teachers--Juvenile literature. 2. Spanish language materials—Juvenile literature.   I. Title.

371.1--dc23

2015941670

Contenido

Maestros

Los maestros trabajan en las escuelas.

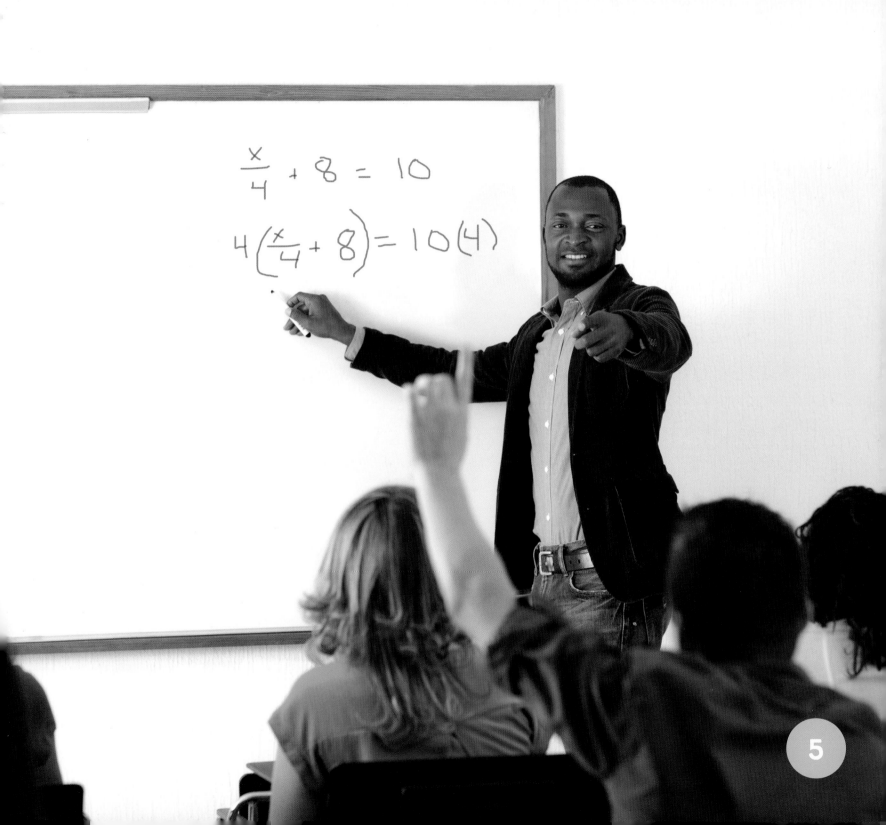

Enseñan en salones de clase.

Ayudan a que la gente aprenda.

Algunos enseñan a niños.

Otros enseñan a adultos.

Algunos enseñan a leer.

Sam aprende a leer.

Algunos enseñan matemáticas.

Emily aprende a sumar.

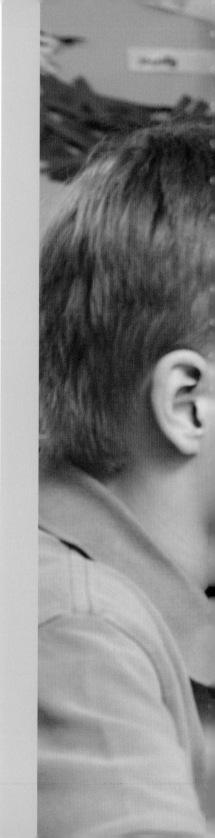

Algunos enseñan arte.

A Kim le gusta pintar.

Algunos enseñan música.

Tom toca la **batería**.

Los maestros trabajan duro.

Las computadoras ayudan.

19

¿Qué hace tu maestro?

21

Los materiales del maestro

la computadora

los libros de texto

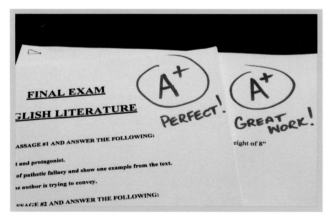

los exámenes

los marcadores

Glosario

adulto
una persona mayor de edad, por ejemplo, un padre, un maestro o un director.

salón de clase
habitación en una escuela donde tienen lugar las clases.

batería
instrumento musical que se toca con unos palos para que haga un sonido resonante o de golpeteo.